A MM. LES ACTIONNAIRES DE L'UNION AGRICOLE D'AFRIQUE.

Après avoir quitté l'Union, j'eus l'honneur de vous faire part des travaux que j'avais exécuté pendant ma direction de 1853 au mois d'avril 1855, soit dix-neuf mois.

J'évitai religieusement de prononcer des noms propres; tout en disant la vérité je voulais ménager certaines susceptibilités. Je vous disais que j'attendrais que les griefs de mes adversaires se produisissent au grand jour pour vous édifier à leur encontre; huit mois et demi se sont déjà écoulés, et dans le compte-rendu qui vient de vous être adressé, M. le capitaine d'artillerie Blondel, président du Conseil d'administration, déclare qu'il ne veut pas s'abaisser à répondre à ma circulaire du 25 mai, faite, dit-il, pour duper et mystifier les actionnaires.

J'ai quelque temps hésité et j'ai mis en question si je devais répondre au capitaine d'artillerie Blondel; quelques amis m'avaient conseillé de m'abstenir; mais la lecture attentive de l'imprimé du 28 février (1) m'a démontré la nécessité de vous édifier sur quelques points que traite M. Blondel, bien que ce que j'ai écrit dans ma circulaire du 25 mai n'ait été ni détruit ni contesté autrement que par d'irritantes récriminations; dès le début de sa circulaire, affectant une honorable indignation, M. Blondel laisse percer l'esprit qui le domine et les passions qui l'agitent : il ne respecte rien, il insulte tous ceux qui ne professent point ses croyances, il foule aux pieds les convenances les plus vulgaires, il fausse sciemment la vérité et se présente à vous, Messieurs, comme un homme indispensable; il ne craint pas de vous demander votre appui et votre approbation, comme si vous vouliez venir partager la solidarité de son œuvre et de ses actes.

Il vous dit avec jactance qu'il va rigoureusement demander l'exécution des statuts; qu'il va proposer de rapporter ce que les assemblées générales ont décidé; qu'il demandera que les actionnaires qui n'ont pas complété le versement de leurs actions, soient mis en demeure de le faire, faute de quoi ils doivent perdre les à-comptes donnés.

Il faut convenir que seul M. Blondel pouvait concevoir une pareille idée.

(1) C'est à dessein que je ne donne pas son véritable nom à la circulaire.

Sur la foi des délibérations prises par les assemblées générales, certains actionnaires ont vendu leurs coupons et la proposition de M. Blondel aurait pour but de spolier ces nouveaux acquéreurs; rien ne saurait justifier une pareille mesure : la loi, la morale, la délicatesse la repoussent. Ce serait, Messieurs, vous faire insulte que de penser qu'un seul de vous appuiera une pareille proposition; elle demeurera certainement la propriété exclusive de son auteur.

M. Blondel se prépare à défendre les statuts de l'Union. Viendrez-vous porter votre appui à ce zélé défenseur? voulez-vous faire de l'Union une exploitation agricole ou bien cacher sous cet humble nom des projets que d'autres temps ont pu faire naître? Telle est aujourd'hui la solution qu'il faut obtenir. La plupart d'entre vous, hommes sérieux, avez déjà sans doute jugé les statuts de l'Union, vous avez compris que c'est à votre organisation que vous devez votre perte; pour corroborer mon dire, je pourrais vous citer l'opinion de celui qui écrivait, en 1846, que les principes démocratiques sur lesquels l'Union avait été établi ne pouvaient être applicables avant que votre exploitation ne fut constituée en colonie agricole régulière et productive; loin d'avoir atteint ce but il est constant que l'Union est aujourd'hui dans la désorganisation la plus complète, et si je rapproche ce qu'écrivait M. Blondel en 1851 de ce qu'il écrit aujourd'hui, il est évident que vous ne pourrez résister à la demande de résolution de la société à une demande de liquidation; en effet, Messieurs, M. Blondel classait, le 15 août 1851, les fautes commises à l'Union de la manière suivante. *(Bulletin 2e année, pages 7 et 8.)*

« Actionnaires intelligents et dévoués de l'Union, c'est à vous que je m'adresse, le jour des explications est venu; avouons avec franchise les fautes qui ont été faites, non par esprit de récrimination, mais pour prouver que nous les connaissons et qu'on ne doit plus les laisser se renouveler. Je les classe par ordre :

« 1° Accepter de l'État des conditions fort lourdes à remplir, elles ont influé fortement sur l'emploi du capital social, mais cette faute était inévitable, vu l'état des esprits en 1846.

« 2° N'avoir pas su créer et faire fonctionner tout d'abord une bonne comptabilité, qui eut tenu rigoureusement au courant du chiffre atteint dans les dépenses.

« Cette faute très-grave on eut pu l'éviter.

« 3° Avoir toujours été au dernier sou des rentrées de fonds et sans aucune réserve.

« La nécessité de faire les travaux exigés par l'acte de concession est l'excuse que l'on peut donner à cet entraînement.

« 4° Absence de crédit banquier organisé, faute grave et capitale.

« On essayera de l'excuser en disant que l'on comptait sur les rentrées d'actions régulières.

« 5° N'avoir jamais eu jusqu'ici de bons chefs de culture.

« Ce n'est pas faute de l'avoir cherché et désiré; mais, hélas! quels hommes nous avons rencontrés, que de médiocrité, que de paresse, que d'inexpérience, avec beaucoup de présomption; en arrivant c'était merveille, mais à l'œuvre ils étaient jugés; au reste, avouons-le, on sait que les agriculteurs habiles sont rares.

« 6° N'avoir jamais eu parmi nous des gens entendant rien au commerce; exploités dans les achats, exploités lors de nos ventes et dominés par la pénurie d'argent; il faut avoir passé par là pour commencer à y voir clair; après les fautes viennent des difficultés inhérentes ou accidentelles.

« 7° La difficulté de composer un personnel convenable au milieu de cette population nomade qu'on trouve en Afrique, pour un début, pour un système nouveau de travail comme doit l'offrir l'Union. Il faut que nous commencions par recruter un bon noyau, de bons cadres, des gens ayant leur conviction faite, leur ligne tracée, et qui feront marcher le reste.

« 8° Une diminution fort réelle dans les quantités d'eau qu'on a cru primitivement pouvoir obtenir de la rivière du Sig.

« Enfin trois années consécutivement malheureuses pour l'agriculture, par une sécheresse continue.

« Du moins il en résultera cette bonne leçon : que dans notre localité il faut toujours calculer en vue de la sécheresse. »

Voilà les aveux de M. Blondel jusqu'au 15 août 1851. En 1856, il écrit que depuis sa sortie de l'Union tout a été dans un désordre épouvantable, écritures, direction, administration, comptabilité, tout n'a été que gâchis et gaspillage. Voilà, Messieurs, l'Union depuis sa création.

Je le répète, en présence de pareils faits, pouvez-vous résister à une demande de liquidation, évidemment non; l'Union n'est pas née viable, elle doit à son organisation son agonie perpétuelle; les épreuves d'un an, de deux ans ont bien pu faire patienter, mais songez que depuis dix ans vous tombez de déception en déception, que le capital social est absorbé; songez que plus de 700,000 francs, y compris les intérêts, ont été engagés, et que ce chiffre encore n'est représenté que par des constructions informes et sans valeur; songez qu'un pareil état de choses ne peut convenir à tous les actionnaires et qu'il est à peu près certain que la société va être appelée à rendre compte des capitaux fournis.

Dans l'état actuel, en présence des circulaires Blondel de 1851 et 1856, je le répète, vous ne pouvez échapper à une liquidation.

Mandataire de plusieurs actionnaires, je suis chargé de demander en justice cette liquidation et l'épuration de tous les comptes depuis la création de l'Union; je ferai à l'Assemblée générale la proposition d'arriver à ce résultat par voie d'expertise amiable; il est temps, vous en conviendrez, de mettre un terme à l'état de choses qu'a successivement signalé M. Blondel en 1851 et en 1856.

M. Blondel annonce la démission de M. Jonquier à la suite de correspondances très-vives avec M. Guillerault; il eut mieux fait de passer sous silence cette circonstance, lui instigateur de la crise du 25 février, lui qui a tramé dans l'ombre ce qu'il appelle la chute des civilisés, lui qui a employé des moyens inavouables pour venger son expulsion de l'Union en 1851.

Dans son aveugle suffisance et son indignation forcée M. Blondel aurait-il cru que l'on ignore ou que l'on ait oublié les moyens qu'il a employés pour faire arriver M. Adrien dit Bleur à la gérance? croit-il que l'on n'ait pas compris ses jongleries auprès de M. Guillerault pour lui faire accepter la direction de l'Union? croit-il que l'on ait déjà oublié les scènes de désordre qu'il a provoquées, les insultes et les voies de fait auxquelles il s'est livré vis-à-vis de M. Guillerault, celui qui aveuglément s'était jeté dans ses bras le 25 février? Si telle est sa croyance, il se méprend singulièrement.

M. Blondel reproche aux Conseils d'administration et aux directeurs de 1851 à 1855 d'avoir violé les statuts, et le premier il donne l'exemple de la violation la plus flagrante; lisez, Messieurs, la lettre suivante de M. Guillerault :

« L'Union, 18 Octobre 1855.

« *A M H..... membre du Conseil d'administration,*

« J'ai l'honneur de vous donner avis que par suite d'un conseil tenu entre M. Blondel et Bleur, il a été décidé que j'étais incapable de diriger l'Union; M. Bleur ayant été reconnu seul capable, j'ai dû m'incliner devant cette capacité qui jusqu'à ce jour était restée ignorée. »

Vous jugerez maintenant M. Blondel; il sait que MM. F.... et H... membres du Conseil d'administration, ne veulent point pour directeur M. Adrien dit Bleur, alors il imagine le procédé que je viens de signaler, il tient conseil avec Bleur, et ces deux capacités réunies proclament, à l'unanimité sans doute, l'incapacité de M. Guillerault, qu'ils révoquent, ce qui n'empêche pas M. Blondel, dans sa circulaire du 28 février (page 16) de dire que M. Guillerault lui a annoncé la résolution de quitter la gérance. Vous opterez entre le dire de M. Blondel et celui de M. Guillerault.

J'aborde maintenant les questions qui me sont personnelles et celles où mon nom se trouve mêlé par suite de ma gestion; je serai long, car je ne veux rien laisser sans réponse; je serai long, car après m'être justifié, je veux qu'il me soit permis de scruter la conduite de M. Blondel, car lui aussi a été directeur de l'Union, membre et président du Conseil d'administration.

M. Blondel vous fait connaître qu'il n'y a pas eu d'inventaire à l'Union ; ce fait n'est pas de la plus exacte vérité : un inventaire régulier n'a peut-être pas été dressé, mais il n'est pas moins vrai que le matériel et le mobilier de l'Union ont été rémis à tous les fermiers et qu'un registre, qui est entre les mains de M. Blondel, constate ce que chaque famille possède à titre de prêt ; voilà déjà un élément de contrôle qui peut suppléer à l'inventaire. Ce registre a été sous les yeux de l'assemblée générale de 1854; M. Blondel fut chargé, à cette assemblée générale, avec MM. Bleur et Guillerault, de venir faire un nouvel inventaire, il ne l'a jamais fait; je ne sais ce qui l'en a empêché, sans doute les mêmes motifs qui l'empêchèrent de dresser son inventaire lorsqu'il quitta l'Union.

A l'Assemblée de 1852, M. Calmels, alors directeur, fit constater que M. Blondel en quittant l'Union n'avait point fait d'inventaire.

M. Blondel annonce ma sortie de l'Union le 16 avril après une lutte judiciaire. Ce fait n'est pas exact ; M. Blondel devrait se rappeler qu'il voulait, de son autorité privée, me faire quitter le logement du directeur ; je ne tins aucun compte de ses ordres ridicules, et en audience de référé j'eus raison. Voilà la lutte judiciaire, voilà comment M. Blondel rapporte les faits.

M. Blondel déclare, dans sa circulaire, page 13, que les procès ont commencé à l'Union dès le mois de mars..... singulière naïveté ! Quand devaient donc commencer les procès? Evidemment ce ne pouvait être qu'à l'arrivée de M. Blondel, personne mieux que lui ne connaît la manière de créer les difficultés, son intelligence sur ce point est grandement développée. Seulement il n'est pas plus heureux en 1856 qu'en 1851. Vous devez, Messieurs, vous rappeler, sous sa direction, de quelques procès perdus qui furent désastreux pour l'Union.

M. Blondel dit que le trait le plus saillant de ses procès, c'est que le tribunal de commerce n'a pas voulu lui accorder quinze jours pour examiner le compte de M. Girard, se composant d'un seul article ; voici comment il est passé à sa caisse, G. L. nº 2 : Doit caisse par le crédit de J. Girard, 1,500 fr. M. Blondel soutenait que M. Girard n'avait point versé cette somme; il fallait donc la retrancher de sa caisse et alors c'est moi qui aurait été créditeur.

Voilà l'homme qui ose vous dire, Messieurs les actionnaires, que vous devez surtout compter sur sa capacité (circulaire, page 22). S'il n'est autre chose, il n'est pas permis d'être plus ignorant en comptabilité.

M. Blondel arrive au compte de M. Jonquier et dit que les registres de l'Union prouvent que le compte de M. Jonquier est faux et exagéré; ici M. Blondel donne encore la mesure de son impartialité.

En effet, prenons un instant pour vrai son dire et n'oublions pas que d'après lui les registres et les livres de l'Union sont dans un désordre épouvantable; comment peut-il donc, M. Blondel, se servir de ces livres et registres pour dire que les comptes de M. Jonquier sont faux et exagérés? C'est là le comble de la déloyauté et de la déraison.

Que fait à M. Jonquier, négociant honorable et honorablement connu, que je ne défends que par respect de la vérité, que les livres de l'Union soient ou ne soient pas bien tenus; il apporte son compte et il faut le croire vrai jusqu'à preuve du contraire; or, cette preuve, vous ne pouvez l'induire de registres ou de livres que vous prétendez être mal tenus et dans un désordre épouvantable, de livres et de registres auxquels il a fallu, d'après le dire de M. Blondel, ajouter ou rectifier 330 articles (annotation de la circulaire, page 14).

Si M. Blondel eût été moins présomptueux et moins processif, il aurait accepté la proposition de M. Jonquier, de faire établir les comptes par un négociant d'Oran à son choix; il ne l'a pas acceptée, chacun de vous jugera sa conduite, car cette proposition était faite par M. Jonquier alors qu'il était porteur d'un jugement définitif exécuté ayant acquis force de chose jugée.

M. Blondel vous parle du cheptel de porcs donné par M. Jonquier. Il indique cette opération comme désastreuse; il y a ici l'énonciation d'un fait, je vais y répondre par des chiffres et je défie M. Blondel de les réfuter.

Vers les mois d'août, septembre et décembre 1853, M. Jonquier, sur ma demande, a donné à l'Union, successivement, trois cheptels de porcs dont la valeur fut fixée à .... 2,130 fr.

Voilà le point de départ.

Pendant la période de décembre 1853 au 4 mars 1855, c'est-à-dire dans 14 mois, il fut tué pour les besoins de la ferme ou vendu un certain nombre de porcs pour une somme de 1,030 fr. 50 c.

Le 4 mars 1855 j'écrivis à M. Blondel (voir la copie des lettres) que

M. Jonquier offrait de prendre le cheptel au prix de	5,791 fr.	»
Si à cette somme on ajoute les ventes ou abats déjà faits.	1,030	50
Il résultera que le cheptel valait au 4 mars 1855	6,821	50
La première mise de fonds ayant été de	2,130	»
Le bénéfice était donc de	4,691	50

Cela je crois est clair, rien ne peut détruire ces chiffres ; il y avait pour l'Union un bénéfice de 2,345 fr. 75 c. M. Blondel prétend que l'orge donnée aux porcs et la garde pendant ma gestion s'élevaient à ce chiffre. Je n'ai pas de livres sous les yeux pour répondre; je veux admettre pour un moment que le dire de M. Blondel soit vrai, l'on pourrait alors dire de l'opération du cheptel qu'elle n'a pas été heureuse; l'on devait accepter l'offre de M. Jonquier, mais on ne doit pas la qualifier de désastreuse quand elle n'a pas produit de pertes. Il est surprenant qu'une intelligence aussi développée, qu'un homme aussi capable, aussi supérieur ignore que ce n'est point la première année qu'un cheptel produit des bénéfices; dès le début le troupeau était moins nombreux et cependant il y avait les mêmes frais de garde; il faut deux personnes pour garder cent porcs, deux personnes en garderont trois cents.

Je dois dire à ce sujet, pour épuiser la question à vos yeux, que le 9 mars j'avais à l'Union dix-sept porcs à l'engrais; je venais de me rendre compte de l'opération d'engraissage, je la trouvai vicieuse. Je vendis les dix-sept porcs à M. Baüer, charcutier à Saint-Denis, au prix de 97 cent. 1/2. Cette vente me produisit 1,243 fr., et fut stipulée payable en quatre termes dont le premier venait à échéance le 16 avril alors suivant; par cette vente la valeur du troupeau que M. Jonquier avait offert de prendre à 5,791 fr. était réduite à 4,548 fr. (Cette opération ne change rien au bénéfice signalé le 4 mars.)

Le 10 mars 1855 j'écrivis à M. Blondel que j'avais vendu les dix-sept porcs; le 16 mars, M. Blondel me blama d'avoir fait cette vente; sa lettre que j'ai en main porte le n° 24. Voilà donc M. Blondel qui sait parfaitement que j'ai vendu dix-sept porcs pour 1,243; ne sachant comment cependant faire un procès sur le cheptel, il imagine, avec la loyauté qui le caractérise, de profiter d'une circonstance. La vente de 1,243 fr. de porcs existait, j'en avais instruit par deux fois M. Blondel; mais je ne sais par quelle circonstance elle fut omise sur les livres. Bonne fortune pour M. Blondel, il va pouvoir plaider : il conteste devant le tribunal, à M. Jonquier, la vente de 1,243 fr. du 19 mars.

Il est bon de remarquer, Messieurs, que du 1er au 31 mars, la caisse a payé 1,390 fr., 67 fr. de plus qu'elle n'a reçu, par la raison toute simple que j'avais utilisé les billets Baüer, produit de la vente précitée.

Voilà, Messieurs, le procès du cheptel. Vous voyez comment il a été créé, vous jugerez sa moralité et celle de son auteur.

Un dernier mot sur cet édifiant incident.

Prenant pour base le prix offert par M. Jonquier le 4 mars, il est incontestable que, pour l'Union, le cheptel valait 4,548 fr. Du 9 mars 1855 au 9 mars 1856, il a fallu payer les frais de garde, donner quelque peu d'orge, et malgré cela la dernière estimation ne porte sa valeur qu'à 2,800 fr. A qui la faute? à M. Blondel. Qui paiera? l'Union, toujours l'Union. Mais l'on se demandera peut-être comment il a pu se faire qu'il y ait eu une pareille différence de valeur dans la période d'un an; la raison est facile à indiquer : d'abord point de naissance et diminution considérable dans le troupeau, quatre-vingts porcs ont disparu, sont morts ou perdus.

Un dernier fait va prouver l'intelligence des hommes qui dirigent et administrent l'Union en ce moment : le troupeau de moutons est atteint du charbon; au lieu d'enfouir les animaux morts de cette maladie contagieuse, ces moutons sont donnés en pature aux porcs; vous supposez sans peine ce qui est arrivé : mortalité et maladie. Il faut en convenir, M. Blondel, vous êtes arrivé à faire de l'opération du cheptel une opération ruineuse; personne ne vous enviera les moyens que vous avez employés; vous avez justifié cette phrase de votre compte-rendu : *Bénéfices pour M. Jonquier, perte pour l'Union.*

Dès le début, vous avez dit que l'opération du cheptel était ruineuse. Pourquoi avez-vous laissé perpétuer un pareil état de choses? Pourquoi n'avez-vous point accepté les diverses propositions que vous a faites M. Jonquier, d'abord par moi, le 4 mars 1855, puis par MM. Bilhard-Feurier, votre avocat, Freixe, votre collègue au conseil, Durand de Gros, actionnaire? Pourquoi n'avez-vous pas réuni le Conseil lorsque M. Jonquier, par acte extrà-judiciaire de Niel, huissier, vous sommait de donner communication de ses propositions au conseil? Voulez-vous savoir pourquoi? C'est que vous vouliez perdre le cheptel pour prouver que l'opération était ruineuse.

L'annotation, page 16, de M. Blondel, dit quel rôle!!! depuis les contestations du cheptel, M. Peyre est le mandataire de M. Jonquier.

Singulière surprise que celle de M. Blondel; le cheptel est un acte de ma gestion, et je ne sache pas que je ne puisse et doive défendre mes actes. M. Jonquier eut confiance en moi lorsqu'il donna le cheptel, il n'y avait pas de raison pour qu'il me retirât cette confiance. Pour ces procès comme pour les autres, j'ai intérêt à voir triompher la vérité, j'ai intérêt à éclaircir la religion des juges, j'ai intérêt à faire renaître cette vérité que M. Blondel a cherché à étouffer.

Si comme lui je n'avais pas de bonnes raisons à donner, si comme lui j'étais battu par l'évidence, si j'étais écrasé par des faits et par des chiffres, je pourrais imiter son exemple, dire en l'absence de toute justification que je ne m'abaisserai point à lui répondre; mais il n'en est point ainsi, je suivrai partout M. Blondel; il peut se tranquilliser, il ne m'aura pas de guerre lasse, qu'il le sache une fois pour toutes, j'ai donné et je donnerai tous les éclaircissements qui auront trait à ma gestion.

Au surplus, Messieurs, ces tristes et malencontreux procès ne vous rappellent-ils point ceux que créa M. Blondel pendant sa direction à l'Union, procès désastreux pour cet établissement. M. Blondel peut vieillir, blanchir, il n'acquerra jamais la moindre expérience, il ne tiendra pas mieux le gouvernail de l'Union qu'il n'a tenu les rênes des Omnibus.

M. Blondel a, dit-il, fait un travail immense qui a duré onze mois : il a compilé les écritures de ma gestion, il constate à sa manière que jamais désordre n'a été comparable au mien. Ici, Messieurs, je ne sais que dire. Si M. Blondel eût articulé des faits, je pourrais lui répondre, mais il reste dans le vague sur ce point; j'attendrai donc ses nouvelles explications et me contenterai de lui rappeler ce qu'il disait le 13 octobre 1854, quatre mois avant le jour où ont été arrêtés les écritures qui lui ont coûté tant de travail !

« La Commission n'a pas la prétention d'avoir vérifié les comptes en vingt-quatre heures, elle s'est livrée à un examen sommaire pour se faire une opinion sur l'ensemble de la comptabilité de M. Peyre.

« Les livres sont à jour, les comptes du grand livre sont tenus avec *ordre et méthode*. Signé : BLONDEL. »

A cette Assemblée générale j'avais remis une situation; plusieurs comptes furent appelés, tout se trouva conforme. Eh bien ! Messieurs, quatre mois après la séance où M. Blondel a reconnu que les comptes du grand livre étaient tenus avec ordre et méthode, il les conteste tous, il nie tout, il suspecte tout, il accuse créanciers, il accuse débiteurs, il déclare que les livres sont dans un désordre épouvantable; il faut convenir que ce désordre s'est produit bien précipitamment.

M. Blondel n'a pas trouvé d'arrêté de comptes à des dates quelconques; mais en octobre 1854 ces comptes étaient arrêtés puisque j'ai présenté une balance.

Le directeur a prétendu, dit M. Blondel, qu'il n'y avait pas de registrebrouillard de caisse; j'ai écrit à M. Blondel que le compte de caisse se trouve sur le grand livre.

La transformation de la comptabilité de la partie simple à la partie double a donné la preuve de tout le désordre, dit M. Blondel.

Que puis-je dire en présence de cette assertion? Rien, si ce n'est que les 330 articles ajoutés par lui à mes écritures ont dû nécessairement modifier les comptes.

Ce dire de M. Blondel me tracasse peu, car je ne crois guère possible que l'on fasse des comptes composés 2670 articles sans demander des explications, surtout quand le redresseur des comptes n'a pu comprendre (affaire Girard) que 1,500 francs portés au débit de la caisse comme fournis par Girard devaient être portés à l'avoir de ce dernier.

Nous engageons par curiosité les lecteurs à voir la circulaire Peyre, dit M. Blondel, au sujet d'une lettre de félicitations sur la culture du coton. Vous actionnaires, complimentez-le si vous osez, 300 fr. par hectare en terrain arrosé. (Annotation 5, circulaire Blondel, page 14.)

Que répondre à un pareil reproche? Je suis tenté, Messieurs, de copier une phrase qui se trouve consignée dans le Bulletin de l'Union, 2e année, 3e et 4e livraisons, page 4, année 1851 :

« Je n'ai pas la prétention de faire le beau temps, etc., et les bonnes récoltes. Signé : BLONDEL. »

Et j'ajoute qu'un agronome aussi capable que M. Blondel n'aurait pas dû confondre en cette circonstance les terrains arrosables avec les terrains arrosés.

Je pourrais m'arrêter à cette explication; mais M. Blondel me saura gré de lui dire que la lettre de félicitations dont il cherche à détruire les effets, a été adressée pour encourager des efforts et non des succès. Qu'a voulu reconnaître son Excellence le Ministre de la Guerre? les efforts qu'a faits l'Union; il est malheureux, j'en conviens, que le directeur ne se nommât pas Paul-Emile Blondel, lorsque la lettre fut écrite, elle aurait eu alors une toute autre portée.

Il est de notoriété publique à Oran qu'avec les directeurs qu'a eus l'Union, depuis 1851, l'on devait s'attendre à l'insuccès, etc. (Circulaire Blondel, page 15.)

Que répondre, Messieurs, à ces accusations toujours vagues? M. Blondel, constamment dans les nuages, ne peut articuler aucun fait.

Je prends la responsabilité de ma gestion et je copie :

Bulletin de l'Union agricole d'Afrique, année 1854, 5e année, 4e trimestre, page 6.

« Le directeur actuel M. Peyre est introduit et déclare à l'assemblée que ne voulant pas être un obstacle à la marche de l'Union, il donne sa démission de directeur, et demande seulement à finir la campagne commencée, ayant la ferme confiance qu'il a suivi une bonne marche, et que dans l'état où il a pris les affaires de l'Union, il est arrivé au meilleur résultat qu'on put obtenir.

« M. Duval prend la parole et exprime que le nom de M. Garnier, qui a été mis en avant pour être le directeur de l'Union, a été choisi parce que nul autre ne pourrait mieux rallier les sympathies de tous les actionnaires de l'Union, et qu'il est juste que la majorité des actionnaires jouisse d'une légitime influence, mais qu'il n'entend nullement méconnaître ce que M. Peyre a fait de bon, et il rend justice à la valeur du système d'exploitation qu'il a introduit.

Le président exprime à son tour à M. Peyre que la manière dont il a tiré parti d'une position financière difficile, a obtenu la satisfaction générale et qu'il serait regrettable qu'il prît une résolution absolue avant d'avoir pu se concerter avec le directeur désigné ; il est bien entendu, dans tous les cas, que M. Peyre continuera son travail à l'Union jusqu'à la clôture de l'exercice, et que, de concert avec le Conseil d'administration, il préparera les travaux de la campagne prochaine. »

Je livre sans commentaire ces quelques lignes à votre appréciation.

Voici maintenant l'opinion d'un ami de M. Blondel, consignée dans une lettre particulière :

« D'après mes informations de France, M. Blondel écrasé par un fardeau trop lourd pour ses forces, aurait demandé et obtenu son rappel en tirant sur le Conseil des traites que le Conseil sera obligé de refuser faute d'argent ; M. Manegat aurait été chargé par le Conseil de tous les pouvoirs nécessaires pour choisir un nouveau directeur, faire couper et rentrer les moissons, et prendre les mesures nécessaires au salut de la colonie ; ces tristes nouvelles ne m'étonnent pas, *car les allures de M. Blondel devaient fatalement y conduire.* (Quel homme capable cependant !)

GESTION GUILLERAULT.

Vous connaissez la conduite de M. Blondel vis-à-vis de M. Guillerault, vous savez que M. Blondel vous a trompés lorsqu'il vous a dit que M. Guillerault avait demandé à quitter l'Union, vous connaissez la nomination de M. Adrien dit Bleur.

Dans sa circulaire, M. Blondel se rend personnellement responsable des actes présents, passés et futurs de cette famille d'élite, dans laquelle on trouve réunis une intelligence remarquable, une probité de mœurs irréprochables, la conviction la plus persévérante, les habitudes d'ordre et d'économie et l'expérience des travaux de tout genre ; à Dieu ne plaise, Messieurs, que je veuille contester le mérite et l'intelligence de la famille Bleur ; personne ne l'a mieux connue que M. Blondel, personne plus que lui n'a vécu avec elle dans l'intimité, personne ne peut mieux en faire l'éloge.

Je ne révoquerai pas en doute le dévouement de M. Adrien dit Bleur, il est au su de tous que dès le début il se rendit très-utile à l'Union en sa qualité de vitrier, circonstance que M. Guillerault avait oubliée lorsque, dans sa lettre à M. H....., il s'inclinait, disait-il, devant cette capacité jusque là inconnue.

M. Bleur, dit M. Blondel, a fait preuve d'habileté, une médaille lui a été décernée à l'exposition universelle. Personne ne conteste à M. Blondel le mérite de M. Adrien dit Bleur qui, comme colon cultivateur, a obtenu comme d'autres, de l'administration locale, de la graine de coton Géorgie longue soie d'Amérique : la qualité du produit a répondu nécessairement à la qualité de la semence; cette circonstance avait échappé à la perspicacité de M. Blondel, elle n'enlève rien au mérite hors ligne de son protégé.

Que M. Blondel me permette ici de lui dire que, puisqu'il parlait de l'exposition universelle, il aurait pu vous dire que sous ma gestion l'Union y obtint une médaille et une ou deux mentions honorables; je comprends et vous comprenez sa prudente réserve.

M. Blondel, dans le but de tranquilliser les actionnaires annonce, page 16 de son compte-rendu, qu'il a mis en commun son expérience avec celle de M. Bleur, et que par suite de cette communauté il ne lui a pas été difficile de s'orienter; vous comprendrez, Messieurs, que c'est la plus amère mystification, son passage à l'Union le prouve invinciblement. Veuillez vous reporter au 24 mai 1851, après six mois de direction de M. Blondel, pendant lesquels il avait touché 66,450 fr. et employé 63,630 fr.; reportez-vous à la lettre du bulletin de 1851 et vous verrez que le premier il pointa le canon d'alarme sur la caisse et la bourse des actionnaires; vous verrez que le Conseil d'administration de Besançon connaissant ses allures, refuse de payer ses mandats; cette circonstance fut le signal de la fuite de M. Blondel. Là le désordre et le gaspillage apparurent au grand jour, aussi le phalanstérien dévoué demande à ses successeurs ce qu'ils ont fait de cette exploitation agricole qui leur avait été confiée, et qu'ils avaient promis de sauver; la débâcle était trop grande pour que personne eût pris un pareil engagement.

A la page 17 de son compte-rendu, M. Blondel vous dit que dès le premier mois de son administration et de la gérance de M. Adrien dit Bleur, tout a marché avec régularité, que la comptabilité a fonctionné d'une manière irréprochable et en partie double, que les feuilles de journées donnent le détail le plus complet des travaux des hommes et des animaux, que les carnets pour les magasins et troupeaux sont tenus avec une ponctualité parfaite, et enfin, Messieurs, pour en finir avec cette série d'éloges que se prodigue M. Blondel et qu'il prodigue à titre de revanche à son compère, cet homme dont vous ne révoquez en doute l'immense capacité, vous apprend qu'il appose chaque mois son visa aux livres de l'Union. Grand Dieu! quelle garantie! le présent est préférable au passé : vous avez des visas de M. Blondel.

M. Blondel vous annonce que sous son administration les abus ont disparu, bonne nouvelle pour l'Union si elle n'était annoncée par M. Blondel; il avait bien promis en novembre 1850, Dieu sait comment il a tenu sa parole.

M. Blondel (page 17, annotation) demande ce que sont devenus les nombreux bestiaux que M. Calmels indiquait dans sa lettre du 2 juin 1851; je n'étais point directeur à cette époque, j'ai seulement entendu dire que ces troupeaux avaient été vendus pour payer les traites fournies par M. Blondel sur le Conseil d'administration, lesquelles étaient revenues impayées et protestées.

(Page 18, annotation, circulaire Blondel).

« Il est impossible de se figurer les abus de ménage sous la direction Peyre, il est impossible de se figurer ce que ce ménage a coûté. »

Voilà un raisonnement suivi; heureusement que M. Blondel se réserve d'expliquer sa pensée, mais si ses explications ne sont pas plus claires que son écrit, vous ne serez guère satisfaits.

M. Blondel continue et dit que des étrangers ont vécu à l'Union des semaines entières, que les registres fourmillent d'achats de rhum, absinthe, cognac et bordeaux; il n'est pas vrai que des visiteurs aient passé des semaines à l'Union; j'avoue, Messieurs, que je n'ai jamais fait payer aux visiteurs de l'Union les repas que j'ai dû leur offrir. M. Blondel a fait quelques visites avec des amis, il ne m'est jamais venu dans la pensée de demander le prix d'un coucher, d'un repas, d'une bavaroise, d'un verre d'absinthe ou d'un petit verre de cognac; j'ai commis la faute d'acheter en détail, bouteille par bouteille quelques liquides : cette manière de faire a évidemment produit beaucoup d'articles aux livres, il est incontestable que les achats en gros sont préférables; si, par exemple, j'avais acheté cinq pièces de bordeaux, à 400 fr., six caisses de jambons de Mayence, je n'aurais eu sur les livres que deux articles; la caisse ne s'en serait pas mieux trouvée, mais qu'importe! l'Union eût payé.

Les parasites effrontés qui, sous la direction de M. Peyre, dévoraient l'Union, ont disparu, dit M. Blondel, vingt et un fermiers ont quitté l'Union laissant une dette de 7,000 fr. Voilà un fait ; j'aurais tort si je ne répondais; ici il y a une articulation, seulement elle est fausse à l'endroit des causes de la disparution des fermiers. N'avez-vous point refusé des vivres à Barbier, Sauvage, Déprez et autres? Avez-vous tenu aucun compte des baux passés avec les fermiers partiaires? N'avez-vous point plaidé avec certains? vous ne pouvez le contester, s'il vous en prenait fantaisie, je vous produirais des pièces de procédure. Voilà, Monsieur, quelles ont été les causes du départ des vingt et une familles malheureuses que j'avais engagées à moitié fruit : 1° la gène venant d une mauvaise récolte; 2° des maladies épidémiques contractées à l'Union, qui occasionnèrent 2,500 journées d'hôpital et amenèrent en quinze mois trente-huit décès parmi ces intrépides travailleurs, et vous taxez aujourd'hui de parasites ces malheureux qui n'ont pu résister à votre malveillance ou à vos chicanes faute d'argent. Mais que direz-vous du fermier Gris, celui-là était seul avec sa femme et deux enfants en bas âge : au 28 février 1855, il redevait à l'Union 721 fr. 75 c. (son compte se trouve au grand-livre n° 3, f° 15); que vous doit-il aujourd'hui ce fermier parasite, ce fermier qui vous a résisté, ce fermier qui n'a pas été épouvanté de vos allures tranchantes? Il ne vous doit rien, il vous a payé comme l'eussent fait ceux que vous avez forcés de partir. C'est donc à vous, Monsieur Blondel, qu'il faut imputer la perte de 7,000 fr. que vous imputez à ma gestion, mais ce n'est pas vous qui perdez, voilà l'essentiel.

M. Blondel parle beaucoup de son dévouement, de son abnégation et de son désintéressement, et cependant je trouve qu'il a régulièrement touché 300 fr. par mois comme directeur, alors qu'il touchait pareille somme comme capitaine (non compris les petites spéculations personnelles).

Ainsi, par exemple, répondez-moi, M. Blondel? N'avez-vous pas vendu à l'Union, en décembre 1850.......... 122 k. orge.

31 mars 1851..........	120	id.
1er avril 1851..........	380	id.
Id.	475	fourrage.

Pourquoi ces ventes par vous à l'Union? pourquoi surtout ces ventes d'orge à 17 fr. lorsque le cours, à Oran, de novembre 1850 à avril 1851 n'a été que de 11 à 12 fr? Quelle nécessité de vendre à l'Union du pain, de l'orge, du foin, du sucre et du café?

Ces faits, Messieurs les actionnaires, sont écrits de la main de celui qui vous dit dans sa circulaire du 28 février 1856, page 32 :

« Je demande donc hardiment aux actionnaires l'approbation de ma conduite et de mes efforts, je ne demande pas mieux que de la continuer et d'amener à bien l'immense travail de débrouillement que j'ai entrepris, je le demande sans humilité et sans jactance, parce que ceux qui me connaissent savent parfaitement que j'en ai la ferme volonté, le désir ardent et surtout la capacité. »

M. Blondel, Messieurs, demande de continuer l'immense travail de débrouillement; la dernière Assemblée générale d'octobre 1854 l'avait chargé de venir faire l'inventaire à l'Union; M. Blondel n'en a rien fait; il devait aussi raccorder les écritures de 1846 à 1855, il a commencé par les dernières et il lui à fallu onze mois ; quel temps lui faudra-t-il pour les huit ou neuf ans qui lui restent à débrouiller?

M. Blondel, ce me semble, aurait pu prendre quelques instants sur les onze mois pour expliquer sa propre comptabilité de novembre 1850 au 24 mai 1851 ; pourquoi ne pas avoir débrouillé la comptabilité de Besançon qui (par erreur sans doute) le porte débiteur pendant sa gestion de plusieurs mille francs? Pourquoi enfin ne pas justifier clairement l'emploi de 80,000 fr. environ dans sa courte gestion de novembre 1850 à mai 1851?

M. Blondel parle beaucoup de lui, de sa capacité, de son intelligence, de son dévouement, mais il ne dit pas un mot de ses comptes.

Pourquoi M. Blondel vient-il s'acharner contre la direction et l'administration de 1851 à 1855? Ont-elles plus mal fait que les directions et administrations antérieures? Evidemment non. Dans la période de 1831 à 1855 M. Blondel parle d'une somme de 100,000 fr.; il aurait pu nous dire pendant qu'il était à l'œuvre, ce qu'avait coûté les directions et administrations antérieures à 1851. Ce qu'il n'a pas fait, je le fais sommairement, et je trouve que de 1846 à avril 1851 les actionnaires ont dû fournir .... 350,000 fr.

Les prêteurs divers, d'après l'aveu de M. Blondel.....	54,000
L'Etat par ses subventions........................	40,000
Baux arabes..	28,000
La vente des figues de Barbarie..................	2,000
	474,000

Voilà un chiffre passablement rond.

Admettons que sur ce chiffre, évidemment incomplet, il ait été immobilisé 150,000 pour constructions, plantations et défrichage, il ne restera pas moins une perte de 324,000 fr.; si à ce chiffre vous ajoutez celui de 100,000 fr. que M. Blondel prétend que les directions et administrations de 1851 à 1855 ont dissipé, vous obtiendrez celui de

424,000 fr. Voilà ce que l'on appelle acheter à chers deniers une expérience que l'on n'a pas obtenue; voilà ce qui a déterminé certains actionnaires à demander la liquidation de cette exploitation agricole qui a coûté 900,000 fr. y compris les intérêts du capital engagé.

Quel sera le résultat en dernière analyse d'une vente amiable ou forcée des biens de l'Union? Si je prends pour base le prix des terres à Saint-Denis, y compris les terres non arrosées, l'on vendra à 120 l'hectare, soit 1,700, ... 204,000 fr.

Admettons que l'on utilise les constructions et les plantations pour 46,800, on obtiendra alors le chiffre de 250,000.

Mieux vaut celà que rien.

Je suis entré, Messieurs, dans quelques discussions de chiffres sur les gestions qui me sont étrangères.

Pour moi, je n'avais point de personnel, en peu de temps j'ai installé une trentaine de familles formant un noyau de cent soixante personnes; j'ai organisé un système d'exploitation à qui l'on n'a reproché qu'un tort, celui de n'avoir pas porté ses fruits dès la première année; j'ai demeuré dix-huit mois à l'Union, j'y ai planté 4,755 arbres; j'ai restauré les constructions; je n'ai rien demandé aux actionnaires; j'ai augmenté les troupeaux race ovine; je n'ai point laissé de dettes (le compte de Gris justifie mon dire); je n'ai jamais eu de procès. Ma comptabilité seulement est dans un état pitoyable, dit M. Blondel; vous serez assez justes, Messieurs, pour m'accorder ce que l'on ne refuse à personne, la discussion de mes comptes et une vérification contradictoire par des experts choisis en dehors de l'Union. Vous verrez par là s'il y a des dilapidateurs ou un calomniateur.

Je maintiens, Messieurs, ce que je vous ai dit dans ma dernière circulaire de mai : Vous avez été, vous êtes et vous serez toujours dupes de votre organisation.

Oran, le 6 avril 1856.

Ed. PEYRE,

ANCIEN DIRECTEUR DE L'UNION.

Oran. — Imprimerie Ad. Perrier, boulevard Oudinot, 9.

www.ingramcontent.com/pod-product-compliance
Ingram Content Group UK Ltd.
Pitfield, Milton Keynes, MK11 3LW, UK
UKHW021041200726
13857UKWH00005B/1859